Perpetello und Patschuli ...

Eine Geschichte nicht nur für Kinder

erzählt von
Dr. med. Christine Pfaller

illustriert von
Christian Huba

Für Charlotte,
Tina, Vasco und Timmy

Die Vernunft sucht,
aber das Herz findet.

George Sand

Perpetello und Patschuli

Es war eine sturmdurchtoste Gewitternacht, in der der Mond nur ab und zu kurz zwischen den Wolkenfetzen sichtbar wurde und die Balken der alten Scheune im Wind ächzten und stöhnten, wie die Planken eines durchgerüttelten Segelschiffes.

Als die graue Mutterkatze gerade ihr drittes Kätzchen geboren hatte und dabei war, es liebevoll trocken zu lecken, fuhr ein Blitz vom Himmel, der die Scheune für Sekunden in strahlendes Licht tauchte. Einen Wimpernschlag lang hüllte ein heller Schein das neu geborene Kätzchen ein und brachte einen weißen Stern zum Leuchten, den es auf der Brust trug. Die Mutter, eine erfahrene Bauernkatze, die schon viele Kinder geboren hatte in dieser Scheune, wusste sofort, dass dieses Kätzchen etwas Besonderes war. Ehe die Wehen für die nächste Geburt einsetzten, unterzog sie es einer genauen Musterung: Es war ein Katerchen, schwarz wie diese Gewitternacht und mit einem noch immer sichtbar leuchtenden weißen Stern auf der Brust, der sieben Zacken hatte.

Die Katzenmutter nahm sich vor, ihn besonders im Auge zu behalten und wandte sich dann wieder konzentriert der Geburt ihres nächsten Kätzchens zu.

Der kleine Kater wuchs heran, tollte und spielte mit seinen Geschwistern und bewies eine besondere Geschicklichkeit im Klettern und Fangen vorbeihuschender Falter und Fliegen. Den Menschen in seiner Umgebung fielen sein seidiges, tiefschwarzes Fell und die gelb-grün schimmernden Augen mit der eigenwillig geformten Pupille auf. »Was für ein wunderschönes Kätzchen!«, riefen alle aus, die ihn zu Gesicht bekamen, und die Katzenmutter hörte es voller Stolz, wenn sie zugegen war.

Als der kleine schwarze Kater mit dem seidigen schwarzen Fell, dem weißen Sternchen auf der Brust und den besonderen, leuchtenden Augen acht Wochen alt war, keiner Muttermilch mehr bedurfte und selber fressen konnte, nahm ihn

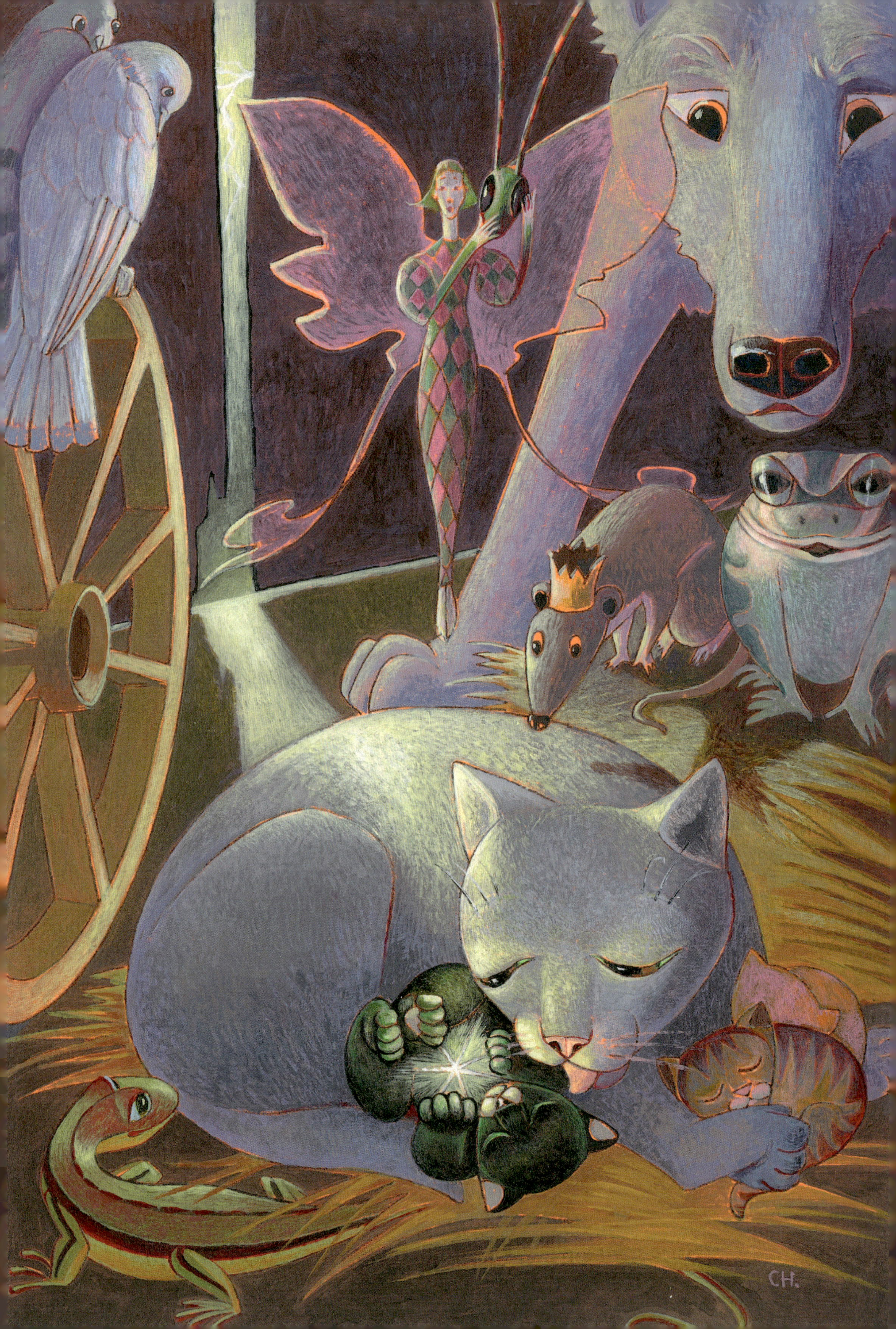
CH.

eine Familie aus der Nachbarschaft zu sich.

Lisa, die sechsjährige Tochter der Familie, und der kleine schwarze Kater wurden sofort beste Freunde und unzertrennlich.

Eines Nachmittags, in den Sommerferien, lag Lisa in der Hängematte im Garten, die von den Eltern zwischen zwei Bäumen aufgehängt worden war, und träumte in den Sommernachmittag hinein. Der kleine schwarze Kater hatte sich auf ihrem Bauch zusammengerollt und gab zufriedene Schnurrlaute von sich. Plötzlich sprang Lisa auf, der kleine Kater wurde unsanft dabei auf den Boden befördert. »Ich weiß, ich weiß, wie unser Kater heißt!«, rief Lisa und rannte zu ihren Eltern, die ebenfalls ein Mußestündchen in ihrem sommerlichen Garten genossen. »Perpetello, er heißt Perpetello! Er hat es mir gerade verraten.«

Die Eltern warfen sich einen amüsierten Blick zu – sie kannten die Fantasie ihrer Tochter. »Sieh an«, sagte der Vater, »Perpetello, was für ein vielversprechender Name für einen Kater«, und schmunzelte.

»Warum nicht? Nennen wir ihn Perpetello«, stimmte auch die Mutter lächelnd zu.

In der Tat hatte der kleine schwarze Kater bisher noch keinen Namen – es wollte einfach keiner passen, die Familie hatte schon einige ausprobiert –, deshalb riefen sie ihn bislang einfach nur ›Katerchen‹.

»Darauf müssen wir anstoßen«, sagte die Mutter und mixte Hollundersirup mit eisgekühltem Mineralwasser, ihr Lieblingsgetränk an einem heißen Sommertag.

Perpetello, der neu benannte, kleine schwarze Kater, umstrich schnurrend die Beine seiner Familie und durfte natürlich auch ein Tröpfchen von dem herrlich süßen Getränk aus der hohlen Hand von Lisa schlecken. Schließlich war es ja irgendwie seine Taufe.

In den letzten Wochen, die Perpetello auf dem Hof verbracht hatte, ließ ihm seine Mutter eine besonders sorgfältige Erziehung angedeihen. Sie lehrte ihn Geduld und Geschicklichkeit beim Mäusefangen, Gerüche und Geräusche zu erkennen und zu deuten, rasch Verstecke ausfindig zu machen, wenn Gefahr drohte, schwankende Äste zu erklimmen und dabei das Gleichgewicht zu halten und Freund und Feind zu unterscheiden.

Sie lehrte ihn, die Kraft der Sonne und des Mondes zu achten, die samtene Nacht als Freundin aller Katzen und nachtaktiven Tiere zu schätzen und sie lehrte ihn auch, dass man erwachsene Menschen nicht immer verstehen könne und deshalb lieber Abstand zu ihnen halten solle.

Perpetello wusste nicht, ob er das alles behalten würde, aber als er bei Lisa und ihrer Familie angekommen war, wusste er zum ersten Mal, was ›glücklich sein‹ bedeutet. Lisas kleine, weiche Hand auf seinem Fell zu spüren, wenn er auf ihrem Schoß lag, entlockte ihm wohlige Schnurrlaute vollkommenen Wohlbefindens, vor allem, wenn er nach einer köstlichen Mahlzeit, die Lisas Mutter mit Liebe für ihn zubereitete, ein sattes Bäuchlein hatte.

Nachts schlief er am Fußende von Lisas Bett und stahl sich, wenn Lisa fest eingeschlafen war, durch das eigens dafür einen Spalt offen gelassene Fenster in die Nacht.

Morgens, wenn Lisa erwachte, lag er wieder zusammengerollt auf ihren Füßen, manchmal auch in ihrer Armbeuge, träumte von den Erfahrungen der Nacht und roch wunderbar nach frischem Gras, Fichtennadeln und warmem Seidenfell, sodass Lisa sogar im Schlaf lächeln musste, wenn sie diesen Duft wahrnahm.

Eines Nachts, der Vollmond stand in seiner ganzen Fülle hell strahlend am Himmel, begegnete er MUSA.

Wie jeden Abend hatte er sich überzeugt, dass Lisa fest schlief. Er schlüpfte durch den Fensterspalt, sprang auf den Birnbaum, der ganz nahe an Lisas Schlafzimmerfenster stand und im Spätsommer köstlich süße Früchte trug, und nahm seinen gewohnten Rundgang durch den Garten auf.

In dieser Nacht wollte er einmal die Nachbarschaft erkunden. Er sprang über den Zaun, überquerte vorsichtig – die Worte seiner Mutter fielen ihm ein – eine schmale Teerstraße, sprang wieder über einen Zaun … und da sah er den prächtigsten Apfelbaum vor sich, dessen weitausladende, dicht stehende Äste viele Äpfelchen trugen, die schon kurz vor der Reife standen. Seine Blätter schimmerten geheimnisvoll grün im Mondlicht.

Überwältigt von diesem Anblick näherte er sich langsam dem königlichen Baum und lauschte dem Flüstern des Nachtwindes, der seine Blätter sanft bewegte. Plötzlich ein Geräusch, ein leises Scharren, ein Fiepen – und da war sie, seine erste Maus, von der er immer geträumt hatte.

Im auflodernden Jagdfieber machte er einen Satz auf sie zu, bekam sie in seinen scharfen Krallen zu fassen, warf sie hoch, die Maus schlug einen Salto, versuchte zu fliehen, er trieb sie zwischen beiden Vorderpfoten hin und her, warf sie wieder hoch und begeisterte sich immer mehr an diesem Spiel. Seine grün-goldenen Augen funkelten, und gerade, als er zum tödlichen Biss ansetzen wollte, so wie er es von seiner Mutter gelernt hatte, hob die Maus die rechte Vorderpfote und sagte außer Atem: »Stopp! Jetzt ist´s genug! Du hast deinen Spaß gehabt und ich bin nicht mehr ganz die Jüngste!«

Perpetello war so verblüfft, dass er im Sprung innehielt und unsanft vor der Maus in der Wiese landete. »Du sprichst mit mir?«, fragte er entgeistert.

»Natürlich, mein Junge«, sagte die Maus. »Ich bin MUSA, die Mäusekönigin in diesem deinem Revier, und ich war schon bei deiner Geburt dabei. Übrigens, hast du Hunger?«

»Ich?«, entfuhr es Perpetello . »Nein, wirklich nicht«, antwortete er wahrheitsgemäß, und bei dem Gedanken an das köstliche Tunfisch-Töpfchen, das ihm Lisas Mutter zum Abendessen serviert hatte, fuhr seine kleine rote Zungenspitze kurz über sein feuchtes Schnäuzchen, um vielleicht noch einen kleinen Nachgeschmack von dem Leckerbissen zu erhaschen.

»Na also«, antwortete Musa, die Mäusekönigin. »Merk dir ein für alle Mal: Getötet wird nur, wenn man Hunger hat. Das ist eines der wichtigsten Gesetze unter uns Tieren. Und jetzt setz dich zu mir Perpetello, damit ich dir mehr erzählen kann über die Umstände deiner Geburt.«

Perpetello war schwindlig. Vielleicht ist das ein Traum, dachte er, und ich wache gleich in Lisas schlafwarmen Armen auf.

Doch Musa in ihrem grauen Fell mit dem weißen Brustfleck roch unverwechselbar nach Maus. Da beschloss er, sich neben sie zu setzen und ihren Worten zu lauschen.

So saßen sie im Mondlicht im Schutz des Apfelbaums nebeneinander. Beide hatten ihren Schwanz um sich geschlungen, saßen auf den Hinterpfoten und sahen einander an. Die Maus putzte sich umständlich die Schnurrhaare, schloss kurz die Augen, und als sie sie wieder öffnete, hatten sie einen dunkelsamtenen, geheimnisvollen Schimmer. Musa begann zu sprechen: »Hör gut zu:

Vor langer Zeit, als die Menschen die Herrschaft über die Erde erlangten, den Lebensraum der Tiere zu zerstören begannen, töteten, ohne die Notwendigkeit, sich Nahrung zu verschaffen, das Wissen um die Einheit allen Lebens verloren und nur mehr an sich selbst dachten, gewann in der bedrohten Natur diese Hoffnung Gestalt: Alle hundert Jahre wird ein schwarzer Kater mit einem weißen Stern auf der Brust und irgendwo zur gleichen Stunde, irgendwo auf der Erde eine weiße Katze mit einem schwarzen Stern auf der Brust geboren: Perpetello und Patschuli.«

»Perpetello«, rief der kleine schwarze Kater, »das bin doch ich!«

»Du sagst es, mein Junge«, lächelte Musa, »und deshalb sitzen wir beide jetzt hier unter diesem Apfelbaum. Eine innere Stimme hat mich und deine anderen Paten zur Stunde deiner Geburt in die Scheune des Bauernhofs, oben auf dem Hügel, gerufen und wir waren alle da, als deine Mutter dich aus der Fruchthülle befreite.«

Perpetello konnte nur noch schweigen vor Staunen. Von welchen Paten sprach die Mäusekönigin?

»Zunächst«, fuhr Musa fort, »warst du nur ein kleines schwarzes Knäuel, wie uns schien, doch als dich deine Mutter auf den Rücken drehte, um dich ganz sauber und trocken zu lecken, da leuchtete er förmlich auf, der kleine siebenzackige, weiße Stern auf deiner Brust. LULA, die weise Eidechse, die dir am nächsten im Heu verborgen über deine Geburt wachte, zählte rasch nach: ›Es stimmt‹, flüsterte sie uns zu. ›Exakt sieben Strahlen hat sein Stern.‹ Da wussten wir, du bist es, du bist Perpetello, und ein neues Jahrhundert der Hoffnung hat begonnen.«

Perpetello senkte sein Köpfchen, so weit es ihm gelang, und versuchte zu sehen, ob da ein Stern war auf seiner Brust. Er hatte zwar, wenn er sich sorgfältig putzte, immer mal wieder was Weißes auf der Brust im tiefen Schwarz seines Seidenfellchens schimmern sehen, aber war das ein Stern?

»Komm«, sagte Musa, erhob sich und ging voraus zu einer Vogeltränke, die als runde Schale in der Gartenerde eingelassen und vom letzten Regen randvoll mit Wasser gefüllt war.

Perpetello trat an den Rand des Wasserspiegels, so wie Musa es ihm bedeutete, und neben dem sich im Wasser deutlich abzeichnenden Vollmond sah er ... ja, hauptsächlich zwei grün schimmernde Augen und nicht weit darunter tatsächlich einen leuchtenden weißen Stern.

»Bin das wirklich ich?« Es war mehr ein Murmeln denn eine Frage.

»Dummchen«, antwortete Musa, der die ganze Prozedur schon etwas zu lange dauerte. »Siehst du sonst noch jemanden hier? Ja, du siehst dein Spiegelbild in dieser Wasserfläche .Das bist du! Aber jetzt komm, ich will dich in dieser Nacht noch mit einer weiteren Patin bekannt machen. ARTEMISIA erwartet uns sicher schon.«

Perpetello riss die Augen von seinem Spiegelbild los und hatte fast Mühe, Musa zu folgen, die schon in Richtung Zaun unterwegs und im Begriff war, das Grundstück zu verlassen. Er sprang ihr nach über den Zaun, als im gleichen Moment eine große getigerte Katze aus dem nahen Gebüsch schoss und sich auf Musa stürzen wollte.

Perpetello machte einen Satz und fauchte die Katze derart furchterregend und drohend an, dass diese nur noch ein kurzes »`Tschuldige, ich wusste nicht, dass es deine ist, kommt nicht wieder vor!« , miaute und so schnell im Gebüsch ver-

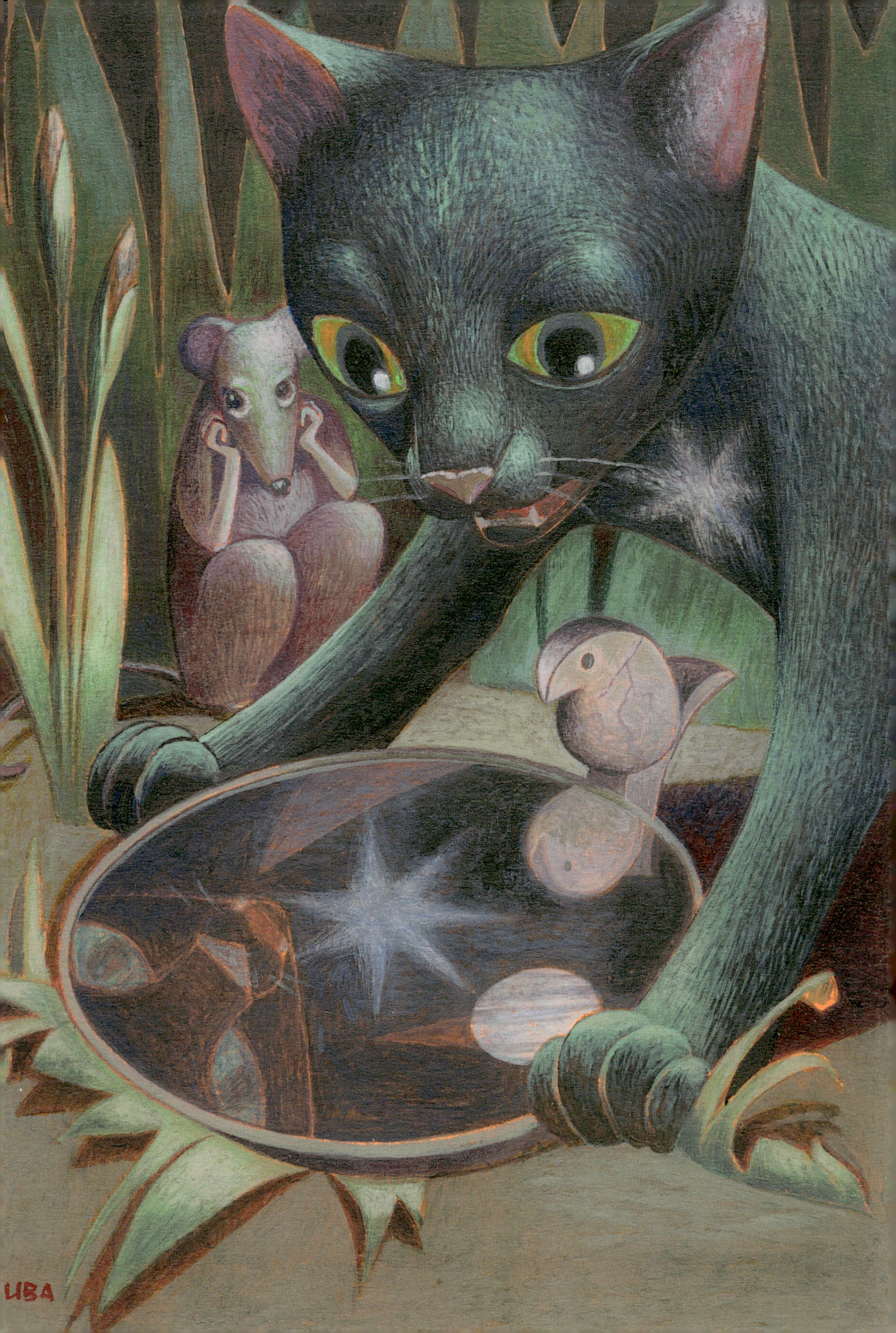
UBA

schwand, wie sie gekommen war.

»Puh, das war knapp, vielen Dank! Ich sehe, man kann dir wirklich vertrauen«, piepste Musa, die vor Schreck noch ganz außer Atem war.

Perpetello lächelte und seine Schnurrhaare zitterten noch ein wenig von der Aufregung und, zugegeben, auch ein wenig vor Stolz über die gelungene Rettungsaktion. »Nicht der Rede wert, ich möchte schließlich noch mehr von deinen Geheimnissen erfahren.«

»Dann komm!«, rief Musa, die sich wieder gefasst hatte. »ARTEMISIA, die Elfenkönigin, erwartet uns.«

Perpetello wunderte sich in dieser Nacht über gar nichts mehr und folgte Musa wieder zurück in seinen heimatlichen Garten.

Lisa und ihre Eltern bewohnten ein Landhaus mit einem großen Garten. In diesem Garten gab es ein weitläufig angelegtes »Schattenbeet«, so nannte es Lisas Vater, und dieses hatte schon immer Perpetellos Neugier erregt.

Es gab dort viele exotische Büsche, Pflanzen und Bäume, die in dem regenreichen Klima gut gediehen und so dicht zusammengewachsen waren, dass man den Boden zwischen ihnen nicht mehr erkennen konnte. In seinem Inneren barg es viele Geheimnisse – Perpetello war in diese Welt bisher noch nie eingedrungen.

In der Mitte des wild wuchernden Grüns wuchs majestätisch ein riesiges Blatt, groß wie eine Kuchenplatte, mit einer kleinen Vertiefung, in der ein kräftiger Stängel ansetzte. In dieser Vertiefung sammelten sich die Tautropfen der Nacht und Perpetello hatte oft beobachtet, wie Käfer und kleine Insekten dort ihren Durst stillten.

Genau auf dieses Blatt steuerte Musa nun zielsicher zu.

Perpetello sah es schon von Weitem glitzern und schimmern, und als er näherkam, erkannte er an die hundert Glühwürmchen, die darauf Platz genommen hatten und der Mondnacht einen zusätzlichen Zauber verliehen.

In der Mitte des Blattes, in der kleinen Mulde, leuchtete ein Wassertropfen so groß wie einer der schönsten Glasmurmeln von Lisa, mit denen er so gerne spielte. Der Tropfen strahlte im Mondlicht in allen Farben, wie ein Geschmeide aus Rubinen, Smaragden und Saphiren.

Perpetello traute seinen Augen nicht: Am Rand des schimmernden Wassertropfens saß eine große grüne Heuschrecke, deren leicht ausgespannte Flügel in ein geheimnisvolles türkisfarbenes Licht getaucht waren.

»Artemisia, hier bringe ich dir Perpetello, der langsam den Kinderschuhen entwachsen ist.« Und zu Perpetello gewandt verbeugte sich Musa leicht und sagte: »Das ist Artemisia, die Elfenkönigin, deine zweite Patin, die deine Geburt begleitet hat.«

Perpetello blinzelte verblüfft. »Eine Elfenkönigin habe ich mir aber ganz anders vorgestellt«, brachte er mit einem schüchternen Miau mühsam hervor.

»Das glaube ich dir«, sprach Artemisia, und ihre Stimme erinnerte ihn an das silberne Klingeln des Glöckchens, das Lisas Mutter im Auftrag des Christkinds am Heiligen Abend geläutet hatte. »Ich kann verschiedene Gestalten annehmen, und heute habe ich anstelle meines vollen Ornats als Elfenkönigin das Kleid der Heuschrecke gewählt, um dir zu zeigen, von wem du diesen smaragdfarbenen Schimmer deiner goldenen Augen hast.«

Perpetello war sprachlos, wieder einmal in dieser Nacht.

»Aber lass uns zum Wesentlichen kommen«, fuhr Artemisia fort. »Du sollst wissen, dass du sieben Paten hast, die deinen Lebensweg mit den Gaben begleiten werden, die sie in einen Strahl deines weißen Bruststerns gelegt haben in der Stunde deiner Geburt. Musa«, und sie blickte zur Mäusekönigin, die es sich inzwischen am Fuß des großen Blattes gemütlich gemacht hatte und kräftig zu Artemisias Worten nickte, »hat dir ihre Klugheit und Umsicht gegeben. Von mir bekommst du den Schlüssel zum Reich der Fantasie, denn nur dort können wir reines Glück empfinden, Trost erlangen und in unserer Vorstellungskraft neue

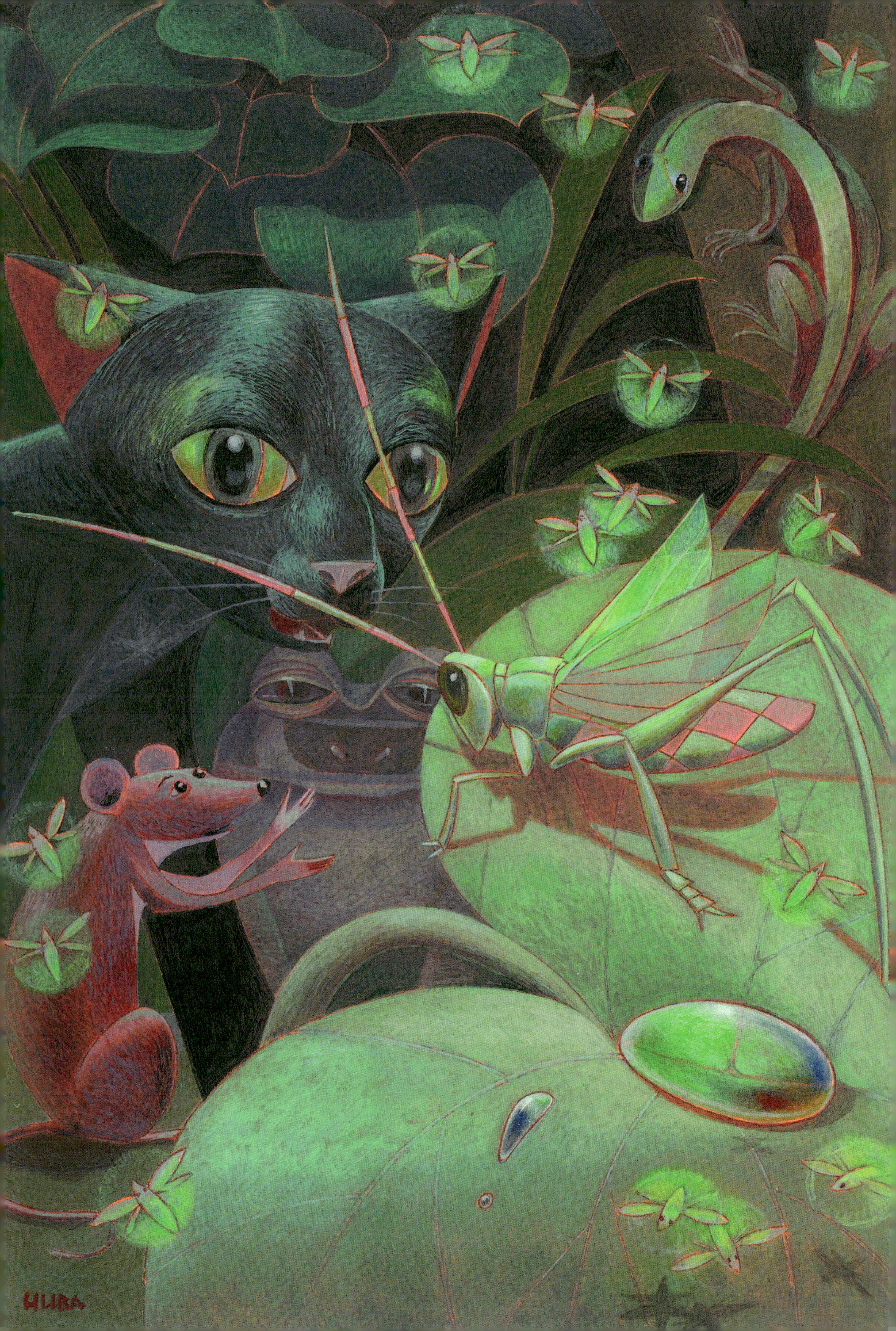
HUBA

Wege erkennen.«

Bei diesen Worten erhob sich Artemisia, sprang in gemessenen Schritten auf Perpetello zu und tippte ihm kurz an die Brust.

Ehe Perpetello etwas sagen konnte, hörte er ein Wispern, das vom Stamm eines Zierbaumes ganz in der Nähe kam: »Und von mir bekommst du die Behändigkeit, die Blitzesschnelle, die dich im Ernstfall unsichtbar werden lässt.«

»Wer bist du?«, fragte Perpetello verwundert.

»Du kennst mich, ich bin LULA, die Eidechse. Wir haben schon öfter miteinander in der Sonne gedöst auf der kleinen Mauer dort drüben, und einmal hättest du mich fast an meiner Schwanzspitze erwischt. Ich bin deine dritte Patin.«

Ein Huschen, ein Rascheln – und vor ihm, direkt zu seinen Füßen, schien ein Schatten Gestalt anzunehmen. Voll Staunen erkannte Perpetello eine große Eidechse, in deren schwarzen Augen sich das Mondlicht geheimnisvoll spiegelte.

»Weißt du«, sprach Lula, »ich darf dir noch ein Geheimnis verraten: Jeder deiner Paten steht für seine Gattung stellvertretend an deiner Seite. Ich zum Beispiel gehöre zu der großen Familie der Reptilien. Auch der Leguan und die Schlangen gehören zu meiner Verwandtschaft, worauf ich ziemlich stolz bin.«

»Hört, hört!«, lachte Musa leise. »Zu meiner Familie gehören auch die Ratten und die Schneemäuse, aber die Wüstenrennmäuse kann ich durchaus weiterempfehlen.«

»Sei nicht albern!«, wies Lula die Mäusekönigin zurecht, und ihr eleganter, langer Schwanz bebte ein wenig im Mondlicht, wobei ein paar Tautropfen aufblitzten. »Alle Tiere, die zur großen Familie deiner Paten gehören, wissen, dass sie dir zur gegebenen Zeit, wann immer du ihrer Hilfe bedarfst, zur Seite stehen werden«, fuhr Lula zu Perpetello gewandt fort.

Ehe Perpetello etwas sagen konnte, vernahm er ganz in der Nähe zu seinen Füßen ein heiseres Räuspern und blickte in zwei große, dunkle Augen, die von schweren, runzeligen Lidern zur Hälfte bedeckt waren. Es waren gütige und auch ein wenig traurige Augen.

»Wenn wir schon dabei sind«, hörte er eine Stimme aus dieser Richtung sagen, »ich bin AMALIA, die Urmutter der Kröten. Ich schenke dir das Wissen um unsere Mutter Erde und ihre Gesetze. Ich bin deine vierte Patin. Wir Tiere, die die Kühle und Dunkelheit lieben, leben näher am Geheimnis der Erde. Wir wissen, was in ihrem Inneren geschieht und hören die Stimme der Ewigkeit. Du wirst mich und meine Familie selten zu Gesicht bekommen, aber wir werden jeden deiner Schritte bewachen und dich warnen, wenn Gefahr droht. Und nun entschuldigt mich, das Mondlicht ist zu hell für meine Augen.«

Perpetello vernahm ein kurzes Rascheln, dann war alles wieder still, nur Artemisia erzeugte einen süßen, flötenähnlichen Ton, indem sie die Vorderbeine aneinander rieb.

Nach einer Weile des Schweigens hörte Perpetello Artemisia sprechen: »So, für heute ist es genug. PAOLA, SELIMA und ZEUS wirst du in der nächsten Vollmondnacht kennenlernen. Dann wollen wir uns wieder hier versammeln. Und nun verschließe unsere Gaben in deinem Herzen!«

Bei diesen Worten schien es, als würden alle Lichter ausgeschaltet. Die Glühwürmchen waren plötzlich verschwunden und auch von Artemisia, Musa und Lula war nichts mehr zu hören oder zu sehen.

Perpetello blieb noch eine Weile bewegungslos sitzen. Erst als ein Nachtfalter seine Nasenspitze anpeilte und dabei seine Schnurrhaare kitzelte, sprang er auf und lief nach Hause. Als er sich zu Füßen von Lisa zusammengerollt hatte, die immer noch tief schlief, konnte er gerade noch denken: Vielleicht war alles doch nur ein Traum, da war auch er fest eingeschlafen.

Die Tage nach dieser denkwürdigen Nacht verliefen ganz normal wie bisher, sodass Perpetello immer mehr geneigt war, das Erlebte dieser letzten Vollmondnacht für einen Traum zu halten.

Er dehnte seine nächtlichen Streifzüge immer mehr aus – schließlich war er den Kinderschuhen entwachsen, hatte Musa (Musa?) gesagt. Wenn er bei seinen Erkundungen an einem Mauseloch vorbeikam, wandte er sich sicherheitshalber rasch ab. Hunger hatte er nun wirklich nicht, und wer weiß, ob Musa (Musa?) einverstanden wäre, wenn er mit einer ihrer Artgenossinnen ein wildes Spiel trieb – das alte Ritual der Katzen, wenn sie eine Maus jagen.

Ohne dass es ihm wirklich bewusst war, behielt er bei seinen nächtlichen Spaziergängen den Mond im Auge, und je mehr dieser in seiner Fülle zunahm, umso unruhiger wurde Perpetello.

Ab und zu, wenn eine Pfütze auf seinem Weg lag, sah er nach, ob da noch immer im Spiegel des Wassers dieser siebenzackige Stern zu sehen war, und als die nächste Vollmondnacht nahte, beschloss er, diesen vermeintlichen Traum zu überprüfen und nachzusehen, ob Musa, Artemisia und die anderen Paten sich am Treffpunkt wieder versammelt hatten. Wieder war es eine wolkenlose Vollmondnacht, und zur festgesetzten Stunde schwang sich Perpetello aus dem Fenster, kletterte das Birnbaumspalier hinunter und schlich vorsichtig auf seinen Samtpfoten zum großen Schaublatt. Es beruhigte ihn, dass heute Nacht offenbar keine Glühwürmchen in Aktion getreten waren.

Kaum war er angekommen, hörte er jedoch eine bekannte Stimme: »Pünktlichkeit ist die Höflichkeit der Könige«, piepste Musa, »du kommst zur rechten Zeit«, und strich, wie er im Mondlicht erkennen konnte, zufrieden über ihre Schnurrhaare. Die Mäusekönigin hatte ihn also tatsächlich erwartet.

Perpetello hob den Blick und da gewahrte er Artemisia, zumindest nahm er an, dass sie es war. Sie hatte diesmal die Gestalt einer Fledermaus angenommen. Die Elfenkönigin breitete ihre weit gefächerten, wie zarte Segel geformten Flügel aus und sprach mit samtener Stimme: »Sei gegrüßt, Sternenkater! Komm und folge mir, wir wollen keine Zeit verlieren.«

Mit diesen Worten schwang sie sich in die Lüfte und Perpetelllo hatte alle Mühe, ihr zu folgen. Er sprang, lief und hüpfte, so schnell er konnte, in die Richtung, die Artemisia mit ihrem schwungvollen Flug vorgab. Dabei versuchte er, mit einem Auge den Weg und mit dem anderen die Flugbahn der Fledermaus im Blick zu behalten, kein einfaches Unterfangen bei Nacht, wenn man den Weg nicht kannte und im Mondlicht Büsche und Bäume unheimliche Schatten warfen.

Am Ufer des in der Nähe ruhig dahin fließenden Baches hielt Artemisia inne. Sie hängte sich, wie es nur Fledermäuse können, mit dem Kopf nach unten an den Zweig eines Weidenbaumes, der über den Bach ragte und rief: »Selima, bist du da?«

Zunächst blieb alles ruhig. Doch plötzlich schoss in einer Wasserfontäne etwas Großes, Glitzerndes in die Höhe, drehte einige Pirouetten und glitt wieder unter die Wasseroberfläche. Die nach allen Seiten davonstiebenden Wassertropfen leuchteten im Licht des vollen Mondes auf wie Diamanten.

»Typisch Selima, so ist sie nun mal, deine fünfte Patin!«, rief Artemisia und spannte vorsichtig ihre Flügel aus, von denen schimmernde Wassertropfen perlten.

Perpetello vernahm ein Glucksen und erblickte am Ufer vor sich im Licht des Mondes eine große Regenbogenforelle. Ihr elegantes Schuppenkleid nahm das Mondlicht auf und funkelte in den schönsten Farben. Um sie herum hüpften kleine Wellen, die nach ihrem Sprung noch die Wasseroberfläche kräuselten.

»Hallo Perpetello, ich bin SELIMA«, sprach die Forelle und kleine Luftbläschen stiegen dabei auf. »Ich war zwar bei deiner Geburt nicht dabei, aber von mir bekommst du die Lebensfreude, das Glück, das einer vollkommenen Bewegung innewohnt, die Freude an der Anmut, die Freude am Sein.«

Ehe sich's Perpetello versah, spritzte wieder eine Fontäne in den Nachthimmel, und diesmal kehrte Selima mit einem vierfachen Salto ins Wasser zurück.

»Nun ist es aber genug!«, rief Artemisia, die schon wieder von einigen Tropfen Sprühregen getroffen worden war.

Selima aber kümmerte sich nicht weiter darum. Noch etwas außer Atem schwamm sie wieder zu Perpetello zurück. »Und noch etwas«, flüsterte sie, sodass er sie fast nicht verstehen konnte in all dem Glucksen und Plätschern um ihn herum. »Damit du immer an mich denkst und nie die Freude am Leben verlierst, wohin auch immer deine Wege dich führen, schenke ich dir etwas, das du selbst verschenken und damit jemanden glücklich machen kannst. Hör mir gut zu!« Ihre Stimme gewann an Kraft. »Wenn du erwachsen bist, wirst du eines Morgens bei deiner

Morgentoilette ein besonderes Schnurrhaar entdecken. Links wird es wachsen, besonders kräftig wird es sein und es wird schimmern wie mein Forellenkleid im Licht der Sonne oder des Mondes. Wenn du es jemandem schenkst, den du von Herzen liebst, wird es nachwachsen. Gibst du es leichtfertig weg, verliert es seine Kraft und kommt nicht wieder. Und nun leb wohl!« Mit diesen Worten vollführte Selima noch eine kleine Drehung und war mit schnellen Flossenschlägen im Wasser verschwunden.

»Das wurde auch Zeit«, stöhnte Artemisia, winkte Perpetello zu und trug ihm auf, zum Schaublatt zurückzukehren und mit Musa auf sie zu warten. Sie wolle noch schnell einen kleinen Rundflug machen und eine Fledermausfreundin besuchen, die sie länger nicht gesehen hatte.

Perpetelllo war zufrieden und froh, dass er eine Weile allein sein konnte. Während er zurück zu seinem Garten und der dort wartenden Musa lief, setzte er sich immer wieder mal kurz hin und befühlte die linke Seite seines Schnäuzchens – aber außer seinen ihm bekannten Schnurrhaaren konnte er da nichts Besonderes finden. Vielleicht bin ich ja doch noch nicht ganz erwachsen, dachte er und beeilte sich schließlich, in den heimatlichen Garten und zu Musa zurückzukehren.

Musa hatte inzwischen aus des Nachbars Speisekammer, zu der sie sich schon vor langer Zeit einen geheimen Zugang verschafft hatte, ein Stückchen französischen Hartkäse stibitzt und genoss gerade den letzten Krümel, als Perpetello nach seiner Begegnung mit Selima wieder am Schaublatt eintraf.

»Na, wie fandest du Selima, deine fünfte Patin?«, hörte er die Mäusekönigin fragen und sie hüstelte ein wenig, weil ihr das letzte Käsestück fast in die Luftröhre geraten wäre.

Ehe Perpetello antworten konnte, hörten beide ein kräftiges Flügelschlagen, und mit einem leichten Luftzug schwebte die schönste Taube, die er je gesehen hatte, auf das Schaublatt, nahm dort Platz, trippelte noch ein wenig und gurrte in das erstaunte Schweigen von Maus und Kater: »Perpetello, sei willkommen, ich bin PAOLA, deine sechste Patin. Ich saß bei deiner Geburt direkt über dir auf dem Dachbalken der Scheune, und eigentlich war ich es, die deinen Stern als Erste gesehen hat. Von mir bekommst du als Patengeschenk den Weitblick und das Gefühl für die Treue, die das Herz erwärmt.«

Bei diesen Worten vernahm man ein weiteres Flügelrauschen und auf dem Ast des Zierbaumes über dem Schaublatt nahm eine zweite Taube Platz. »Das ist ALBERT«, fuhr Paola fort, »mein Mann, mein Beschützer und mein Gefährte seit vielen Jahren. Er hat mich das Glück der Treue und der Familie erleben lassen.«

Albert versteckte etwas verlegen seinen Kopf unter dem rechten Flügel und gurrte leise. Paola schüttelte ihr Gefieder, wobei im Mondlicht der dunkle Reif, den sie um den Hals im Federkleid eingewirkt trug und der schimmernde Randsaum ihrer fächerförmigen Schwanzfedern besonders gut zur Geltung kamen.

»Wie schön du bist«, staunte Perpetello.

Aus dem Gipfel des Kornellkirschbaumes, der neben dem Zierbaum stand, ertönte eine Stimme, die an den Klang einer Laute erinnerte. »Jetzt haltet euch nicht mit Komplimenten auf, kommen wir zur Sache!«

Musa, Perpetello, Paola und Albert blickten angestrengt in die Richtung, aus der die Stimme gekommen war. Im Wipfel des Kirschbaums glühten zwei große gold-gelbe Augen, die streng blickten.

»Artemisia ist zurückgekommen!«, rief Musa.

Die Elfenkönigin hatte diesmal die Gestalt einer Eule angenommen. »Ich habe eben nach ZEUS Ausschau gehalten«, sprach Artemisia. »Leider kann er heute Nacht nicht zu uns kommen. Hunde leben meist nachts hinter verschlossenen Türen.«

Bei dem Wort ›Hund‹ sträubten sich Perpetello die Nackenhaare, ohne dass er etwas dagegen tun konnte.

Die scharfsichtige Eule Artemisia bemerkte es augenblicklich. »Hab keine Furcht, Perpetello!«, beruhigte sie ihn. »Zeus ist ein wunderbarer Vertreter seiner Art, und nur die Menschen haben diesen Unsinn in die Welt gesetzt, dass Hund

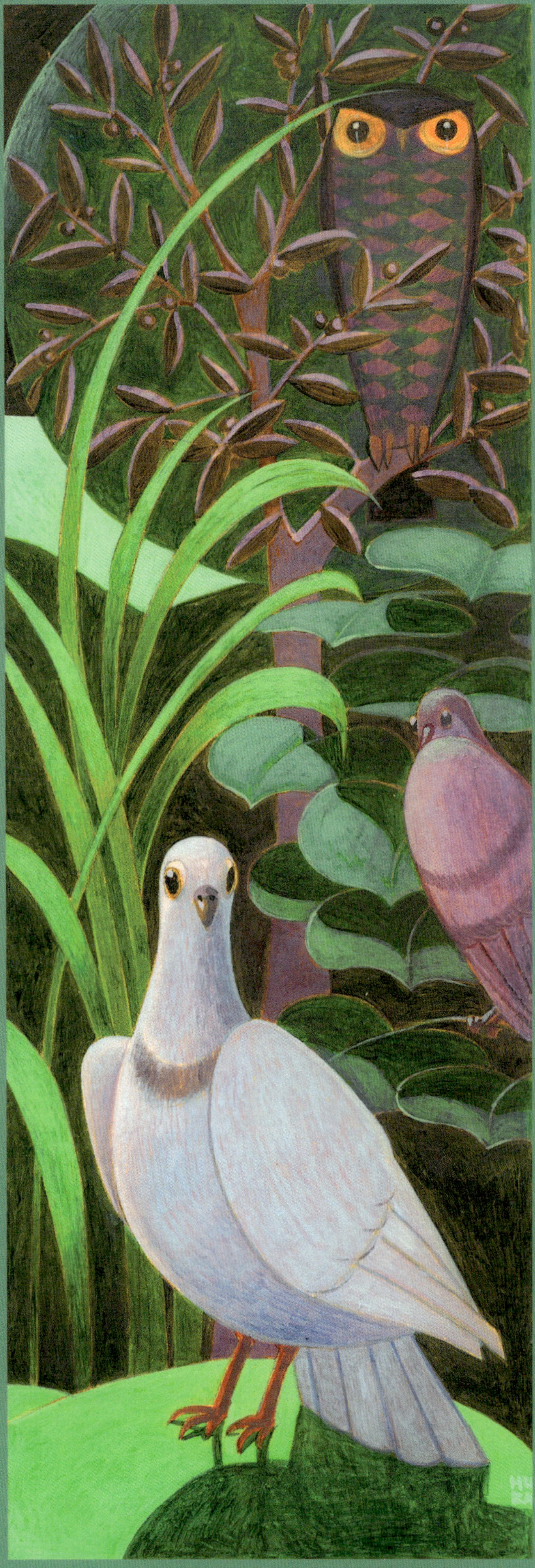

und Katze sich nicht vertragen.«

»Na, wenn du es sagst ...«, flüsterte Perpetello und spürte, wie sich seine Nackenhaare wieder glätteten.

»Ich habe ein Treffen von euch beiden für morgen, kurz vor Sonnenuntergang am großen Wasserfall arrangiert«, fuhr Artemisia fort. »Paola und Albert werden dich zu deinem siebten Paten führen. Einverstanden?« Damit wandte sie sich dem Taubenpaar zu, das in der Zwischenzeit eng aneinander gerückt war.

Paola und Albert sahen sich an und beide gurrten im Duett: »Sehr gerne, wir sind dabei.«

»Gut«, hörte man Artemisia sagen, von der man nur die bernsteinfarbenen Augen wahrnahm, »dann wollen wir unsere Zusammenkunft für heute beenden. Du, kleiner schwarzer Kater mit dem siebenzackigen Stern auf der Brust, der im Mondlicht leuchtet heller als ein Stern am Himmel, Perpetello, bist nun gut ausgestattet mit unseren Patengaben. Du wirst sie nützen, wenn die Stunde kommt. Wir, deine Paten, Musa, Lula, Amalia, Selima, Paola und Zeus, den du morgen kennenlernen wirst, und auch ich, Artemisia, die Elfenkönigin, werden bei dir sein, wenn du nach uns rufst. Doch jetzt kehren wir wieder zu unseren eigenen Aufgaben zurück. Leb wohl und verrate niemals deinen Stern!«

Mit diesen Worten erhob sich ein Rauschen in den Wipfeln des nahen Waldes, das Licht der Eulenaugen erlosch und auch Musa, Paola und Albert waren verschwunden.

Perpetello sprang auf den nächsten Ast des Zierbaums, wo vorher das Taubenpaar gesessen war, und um zur Ruhe zu kommen, begann er, sich erst einmal zu putzen, wie er es jeden Abend vor dem Schlafengehen tat.

Selima, Artemisia, Paola, Albert und Musa – alles Erlebte rief er sich noch einmal ins Gedächtnis zurück. Hat das alles wirklich mit meinem Stern auf der Brust zu tun?, fragte er sich immer wieder, als er ein vertrautes Fiepen unter sich am Fuße des Baumstammes vernahm. Er sprang von seinem Ast und da saß wirklich Musa, die Mäusekönigin, in ihrem grauen Fellchen mit dem weißen Brustfleck.

»Perpetello«, flüsterte sie, »ich bin noch einmal zurückgekommen, um dir zu sagen: Hab keine Furcht, wir alle werden mit einem Auftrag in dieses Leben gesandt. Die einen bekommen größere und schwierigere Aufgaben, die anderen sorgen dafür, dass diese Aufgaben lösbar werden. Jedes Geschöpf hat die Funktion eines Puzzleteilchens ... du weißt schon, Lisa setzt gerne Puzzles zusammen und ist sehr ärgerlich, wenn du ihr ein Stückchen stibitzt. Es gibt größere und kleinere Puzzleteilchen – aber selbst das kleinste Stückchen ist wichtig, damit das Bild vollkommen zusammengesetzt werden kann. Ja, manchmal ist es gerade das winzigste Eckchen, auf das es dabei ankommt. Weißt du, besonders für die Menschen«, fügte sie leise hinzu, »ist es sehr schwer, diesen Sinngedanken zu erkennen. Zeus wird dich, Perpetello, in deine besondere Aufgabe morgen einführen. Und nun lauf schnell zu Lisa, ehe sie aufwacht. Ich sehe schon fast das Morgenrot.«

Musa sprang kurz hoch und stupste Perpetello mit der Pfote an. Ehe er sich bedanken oder etwas sagen konnte, war sie verschwunden, wie vom Erdboden verschluckt.

Perpetello sprang in langen Sätzen nach Hause, kletterte am Birnbaumspalier hinauf und kuschelte sich in die warme Armbeuge von Lisa, wie er es am liebsten tat. Lisa rückte ein wenig zur Seite und beide schliefen in wohliger Geborgenheit dem Morgen entgegen.

Am nächsten Tag hielt sich Perpetello mehr als sonst in der Nähe des Hauses auf, döste in der Sonne auf der Terrasse und ließ es sogar geschehen, dass ein Schmetterling, der ihn umgaukelte, kurz auf seinem linken Ohr Platz nahm. Er zuckte nur kurz mit der Ohrspitze und der Schmetterling flatterte in den Sommertag davon.

Als die Sonne am Nachmittag sich langsam hinter den Bergrücken zurückzog, lief er zum Schaublatt, um zu sehen, ob Paola und Albert schon da waren.
Und tatsächlich: Da saßen sie, traut vereint auf ihrem fast schon angestammten Ast des Zierbaums und warteten auf ihn.

»Perpetello, wo bleibst du denn?«, rief Paola. »Zeus wartet sicher schon!«

Beide Tauben erhoben sich in die Lüfte, ihr Collier aus dunklen Federn glänzte in den letzten Sonnenstrahlen und Perpetello hatte alle Mühe, ihnen zu folgen und sie nicht aus den Augen zu verlieren. Sie flogen an Wiesen und Äckern vorbei zum großen Wasserfall, der sich aus dem Felsen im Wald ergoss.

Atemlos stieß Perpetello zu ihnen, als sie gerade ein erfrischendes Bad in einem Rinnsal mit kristallklarem Wasser nahmen. Ausläufer des Wasserfalls hatten viele solcher kleinen Pfützen gebildet. Auch Perpetello stillte in einer seinen Durst.

Außer ihnen war niemand zu sehen und nur das Tosen der Wassermassen erfüllte die Luft. Perpetello blinzelte gegen die letzten Sonnenstrahlen – und da waren sie wieder, Selimas Regenbogenfarben, als das Licht der untergehenden Sonne sich in Millionen Wassertröpfchen brach, die um den Wasserfall herum zu tanzen schienen.

Plötzlich hörte er ein Geräusch. Die beiden Tauben flatterten auf, um sich auf einem Eichenbaum in Sicherheit zu bringen. Aus der Dämmerung der dicht stehenden Bäume trat ein großer schneeweißer Schäferhund hervor und kam gemessenen Schrittes auf Perpetello zu.

Der Kater wich erschrocken zurück, als er eine tiefe, wohlklingende Stimme vernahm: »Erschrick nicht, Perpetello, und sei gegrüßt! Ich bin ZEUS, dein siebter Pate.« Dabei kam der große weiße Hund, in dessen gekräuseltem Fell alle Regenbogenfarben im Licht der Abendsonne und im Sprühregen des Wasserfalls spielten, so nahe heran, dass Perpetello ihm in die Augen sehen konnte. Es waren wundervolle Augen, von einem tiefen, reinen Blau, deren dunkle Pupillen einen einzusaugen schienen.

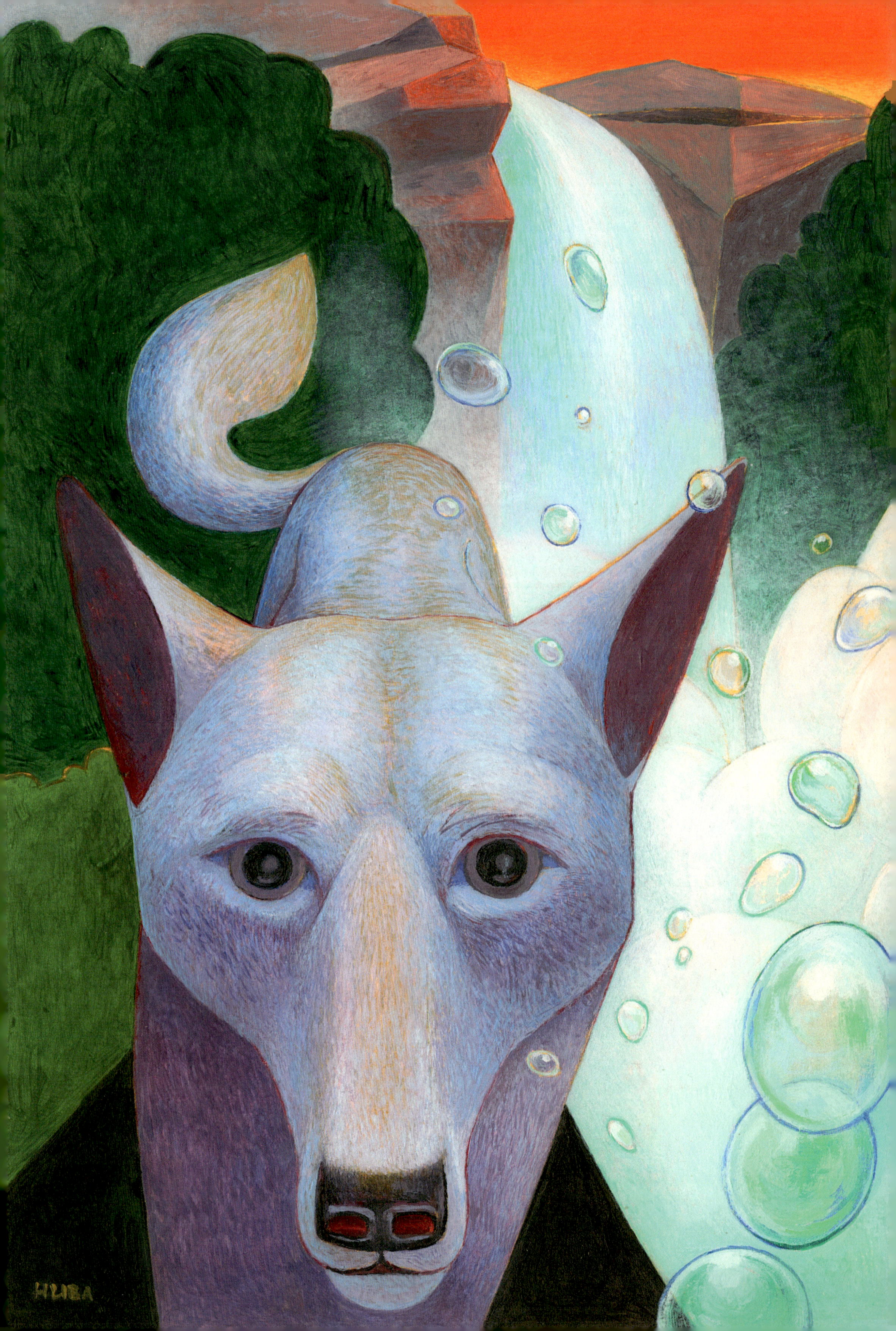
HLIBA

»Du bist also Zeus«, brachte Perpetello mühsam hervor. »Ich gebe zu, du hast mich ganz schön erschreckt.«

»Das ließ sich nicht vermeiden«, entgegnete Zeus. »Du wirst dich auch fragen, warum ich so einen sonderbaren Namen trage. Weißt du, mein Herr hat mich in Griechenland von der Straße gerettet und mir diesen königlichen Namen gegeben.«

Perpetello blinzelte und schluckte, doch es gelang ihm nicht, seinen Blick von diesen magischen Augen zu lösen.

»Komm näher zu mir«, bat Zeus und rückte noch ein Stück weiter an den Wasserfall heran, sodass Perpetello im Getöse kaum mehr seine Worte verstehen konnte.

»Aber ich höre dich dort vorne kaum mehr«, miaute er so laut er konnte.

»Das ist gut so«, antwortete Zeus. » Was ich dir zu sagen habe, ist nicht für fremde Ohren bestimmt.«

»Hier ist doch aber keiner außer uns beiden und Paola und Albert«, rief Perpetello.

»Das Böse ist überall«, entgegnete Zeus. »Damit du nicht nass wirst – ich weiß, Katzen lieben das Wasser nicht –, schlüpf hier unter meine Brust!« Der weiße Schäferhund saß auf den Hinterpfoten und deutete auf die Höhle unter seiner Brust, zwischen seinen Vorderbeinen.

Perpetello machte einen vollendeten Katzenbuckel, streckte sich ein wenig und dann sprang er mitten hinein in die schützende Körperwärme des großen Hundes. Was soll's, dachte er, bei all dem Wunderbaren, was ihm bisher widerfahren war, kam es darauf jetzt auch nicht mehr an. Außerdem waren Paola und Albert noch da.

Die beiden Tauben hatten von ihrem Eichenbaum aus alles beobachtet. Als sie dieses Bild in sich aufnahmen, überlief sie ein Schauer: der königliche, weiße

Schäferhund mit den strahlenden Augen, dem edel geschnittenen Kopf und unter, gleichsam in ihm, der kleine samtschwarze Kater mit dem leuchtend weißen siebenzackigen Stern auf der Brust. Glitzernde, funkelnde, nach allen Seiten davon stiebende Wassertropfen umgaben beide.

»Das würde Artemisia gefallen«, gurrte Paola leise zu Albert, der eng an sie geschmiegt neben ihr saß. Albert nickte zustimmend, wie er es immer tat, wenn Paola etwas sagte.

Perpetello erfüllte indessen eine tiefe Ruhe und Geborgenheit. Zeus begann zu sprechen: »Hast du den Namen Patschuli schon einmal gehört?«, fragte er Perpetello.

»Ich glaube, Musa hat ihn einmal erwähnt«, antwortete der Kater, »aber ich kann mich nicht mehr erinnern, in welchem Zusammenhang.«

»Ach ja, Musa«, sagte Zeus, und Perpetello konnte am Klang seiner Stimme erkennen, dass er lächelte. »Grüße sie von mir, wenn du sie siehst. Sie ist eine herausragende Maus, aber wir haben heute anderes zu besprechen. Hör mir gut zu«, und nach einer kurzen Pause fuhr er fort: »Und präge dir jedes Wort gut ein. PATSCHULI ist so etwas wie deine Schwester, deine zweite Hälfte, deine vollkommene Ergänzung. Sie wurde zwar von einer anderen Katzenmutter geboren, irgendwo auf der Erde – wir kennen nicht den Ort –, aber zur gleichen Stunde. Sie ist schneeweiß und hat einen siebenzackigen schwarzen Stern auf der Brust.«

»Also wie bei mir, nur umgekehrt?«, staunte Perpetello.

»Ganz richtig«, fuhr Zeus fort. »Ihr beide, du und Patschuli, habt den Auftrag, euch zu finden. Schwarz zu Weiß und Weiß zu Schwarz. Wenn es euch gelingt, ist die Einheit wiederhergestellt, denn Schwarz und Weiß ergibt ein Ganzes, wie Tag und Nacht, Sonne und Mond, Liebe und Hass, Freund und Feind. Habt ihr euch gefunden, werden alle Geschöpfe dieser Erde einander wieder achten und in Frieden zusammenleben können.«

»Auch die Menschen?«, flüsterte Perpetello.

»Auch die Menschen«, antwortete der große weiße Schäferhund ruhig.

»Und wenn ich Patschuli nicht finde?«, hauchte Perpetello bang.

»Dann müssen wieder hundert Jahre vergehen, bis die Aufgabe einem neu geborenen Katzenpaar übertragen wird.«

»Wie erkenne ich Patschuli?« Diese Frage beschäftige Perpetello, seit Zeus zu sprechen begonnen hatte. »Es gibt doch viele weiße Katzen, und wenn sie mir den Rücken zudreht …?«

»Du meinst, wenn du ihre Brust und damit vielleicht ihren Stern nicht zu Gesicht bekommst? Kluger kleiner Kater.« Zeus lachte und es klang wie fernes Glockenläuten. »Auch daran hat Mutter Natur gedacht: Patschuli hat ihren Namen von einem Duft, den sie verströmt, einen schweren unverwechselbaren Duft, der, soweit ich informiert bin, aus Indien, einem weit entfernten Land stammt. Manche Menschenfrauen benutzen ein Parfum mit dieser Duftnote, aber Patschuli, deine weiße Schwester, verströmt diesen Geruch rein und in ganzer Fülle. Dadurch wirst du sie erkennen, wenn du ihr begegnest, auch wenn sie dir den Rücken zudreht.« Zeus lachte wieder dieses Lachen ferner Glocken.

»Nun weißt du alles.« Mit diesen Worten stand er auf, streckte und dehnte sich, schüttelte die Wassertropfen, die auf ihn gesprüht waren, von seinem Fell und setzte sich in der Nähe der Eiche, von der aus Paola und Albert alles beobachteten, auf den Waldboden.

Perpetello sprang zu ihm hinüber. Er wollte noch so viel fragen, doch Zeus sah ihn nur mit diesen wunderbaren Augen an und er verstummte.

»Du bekommst noch mein Patengeschenk«, sagte Zeus und räusperte sich ein wenig. »Die siebte Zacke deines Sterns ist noch leer. Es sind sieben Worte, die ich dir schenke, Perpetello«, fuhr er fort. »zusammen ergeben sie ein Wissen, das dich immer begleiten soll. Sie lauten: DIE VERNUNFT SUCHT, ABER DAS HERZ FINDET.« Dabei berührte er kurz den Stern auf Perpetellos Brust, und der kleine schwarze Kater, dem heute so viel Bedeutungsvolles begegnet war, hatte alle Mühe, dabei nicht nach hinten zu kippen und das Gleichgewicht zu halten.

»Und nun lauf zurück nach Hause, Lisa wird schon nach dir suchen, und auch ich muss zurück zu meinem Herrn.« Mit diesen Worten verschwand Zeus im Dickicht der Bäume, dorthin, von wo er gekommen war.

Paola, Albert und Perpetello machten sich auf den Heimweg und Lisa, die ihn wirklich schon vermisst hatte, schloss ihn überglücklich in die Arme. »Ich dachte schon, du wirst ein Streuner!«, rief sie und trug ihn zu seinem Schüsselchen, in dem schon eine köstliche Abendmahlzeit auf ihn wartete.

Perpetello fühlte sich leicht und glücklich und beschloss, über alles in Ruhe nachzudenken. Vielleicht traf er ja auch Musa, um alles noch einmal mit ihr zu besprechen.

Wieder vergingen Tage und Wochen und das Jahr nahm seinen Fortgang. Es wurde Winter, Perpetello erlebte seinen ersten Schnee und spielte mit Lisa begeistert Schneeball fangen.

Es wurde Frühling und wieder Sommer.

Perpetello wuchs heran und genoss das Leben in seiner Familie. Nichts erinnerte mehr an die Geschehnisse des letzten Jahres.

Dann kam die Nacht der Mondfinsternis. Perpetello war schon den ganzen Tag über von einer seltsamen Unruhe erfüllt gewesen und wusste nichts mit sich anzufangen, hatte keinen Appetit und keine rechte Lust, mit Lisa zu spielen.

»Er wird doch nicht krank sein?«, fragte sich seine Familie besorgt.

Am Abend erfasste ihn eine gespannte Ruhe – er versuchte, in sich hineinzuhorchen und beobachtete zusammen mit Lisa und ihren Eltern, wie sich am wolkenlosen Nachthimmel der hell strahlende Vollmond immer mehr verdunkelte, bis nur noch eine schwarze Scheibe zu sehen war, umgeben von einem leuchtenden Strahlenkranz des verbliebenen Sonnenlichts.

Erst fiel es Lisa und ihren Eltern gar nicht auf, doch dann sahen sie ihn, Perpetello, ihren schwarzen Kater mit dem weißen Stern auf der Brust, der in dieser

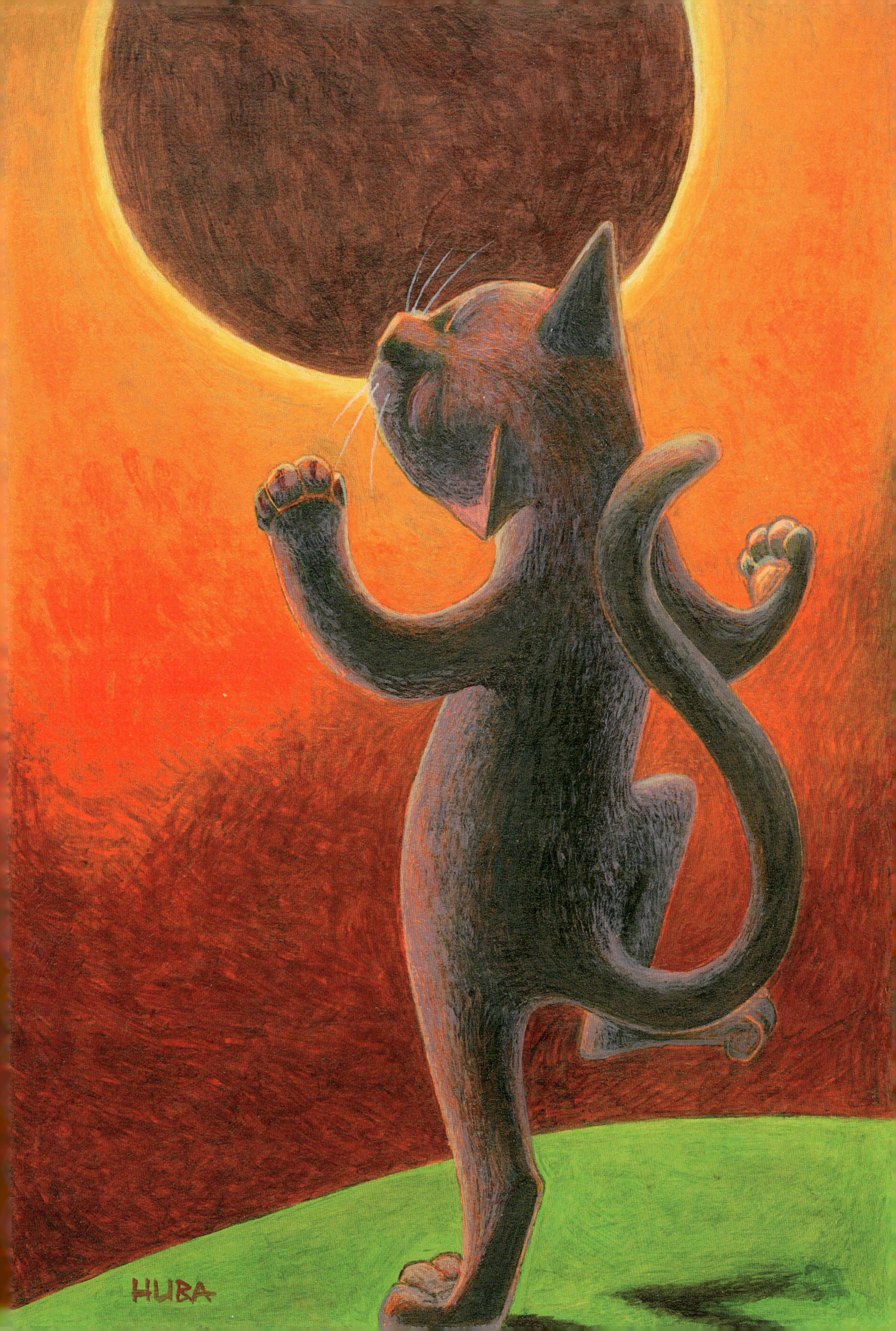
HUBA

Finsternis noch deutlicher zu leuchten schien als sonst. Perpetello stand auf den Hinterbeinen, das Gesicht der nun vollkommenen Mondfinsternis zugewandt und begann, sich zu bewegen – erst langsam, als höre er eine ferne Melodie, dann als folge er einer geheimen Choreografie mit dem ganzen Körper. Seine Vorderpfoten führten arabeskenhafte Bewegungen aus, sein Körper wiegte sich dazu und die Hinterbeine gaben den Takt an.

Er tanzte, Perpetello tanzte im Angesicht der Mondfinsternis einen uralten Tanz, den die Mutter Natur ihre Geschöpfe von Anbeginn der Zeit an gelehrt hatte, den Tanz, der Erde und Himmel sich verbinden lässt und der den Menschen meist verborgen bleibt.

Lisa wollte Perpetello rufen, ihr standen Tränen in den Augen, so weit entfernt schien er ihr plötzlich, aber der Vater legte seine Hand auf ihren Arm und sagte leise: »Pst, stör ihn nicht, er erlebt ein großes Geheimnis.«

Perpetello tanzte, bog seinen Körper dem verhüllten Gestirn entgegen und in ihm wuchs ein uraltes Wissen um Himmel und Erde, um Werden und Vergehen, um die Ewigkeit des Lebens.

Er begriff, dass alle Geschöpfe dieser Erde Gedankensplitter eines Schöpfers sind, aufgerufen, sich wieder zu einem großen Ganzen zusammenzufügen.

Müde geworden und ein wenig schwindlig fühlte Perpetello, wie in ihm ein Gedanke Gestalt annahm, ein Duft, ein Bouquet aus tausend Düften und doch nur ein Duft, ein unverwechselbarer, den er nie mehr vergessen würde. »Patschuli.«

In dieser Nacht wusste er, dass er sie suchen musste, die kleine schneeweiße Katze mit dem schwarzen Stern auf der Brust, seine Gefährtin bei der Lösung der großen Aufgabe, den Menschen und allen Geschöpfen wieder die Erinnerung zurückzurufen, wie es damals war – damals vor Millionen von Jahren, damals im Paradies, als alle Geschöpfe noch wussten, dass sie EINS waren und Achtung voreinander hatten, um in Frieden miteinander zu leben.

Lisa schlief in dieser Nacht unruhig und hielt Perpetello fest in ihren Armen.

Beide wussten, dass der Abschied gekommen war. Am Morgen fühlte Perpetello, dass ihn bei der Morgentoilette in der Nähe seines linken Mundwinkels etwas kitzelte: Ja, da war es tatsächlich, das besondere Schnurrhaar, von dem Selima, die Regenbogenforelle, gesprochen hatte. Da wusste er, dass er erwachsen geworden war.

In der nächsten Vollmondnacht verließ Perpetelllo sein Zuhause, um Patschuli zu suchen, wohin auch immer ihn sein Weg führen würde. Es war die ihm in jener Nacht der Mondfinsternis aufgetragene Aufgabe, das wusste er.

Er wartete, bis Lisa fest eingeschlafen war, schlüpfte aus ihren Armen und war schon fast den halben Weg am Birnbaumspalier nach unten geklettert, da fielen ihm die Worte Selimas ein.

Rasch schlüpfte er zurück, riss mit einem Ruck das besondere Schnurrhaar von der linken Seite seines Schnäuzchens aus – es ziepte ein bisschen – und legte es aufs Fensterbrett, wo es Lisa am Morgen finden würde, wenn sie nach ihm Ausschau hielt. Es glänzte wie hundert Diamanten und schimmerte in allen Regenbogenfarben.

Perpetello musste niesen, wie es ihm immer geschah, wenn er mit seinen Gefühlen nicht ganz zurecht kam. Er fühlte sich glücklich und wehmütig zugleich. Ein rascher Blick zu Lisa – sie war nicht aufgewacht – und so wandte sich Perpetello dem nächtlichen Garten zu.

Im hellen Mondlicht hatten sich schon alle versammelt, als Perpetello zum Schaublatt kam. MUSA die Mäusekönigin, ARTEMISIA die Elfenkönigin, diesmal in Gestalt eines schwarz-weiß gesprenkelten Nachtfalters, als trüge sie einen fürstlichen Hermelinmantel, LULA die Eidechse, AMALIA die weise alte Kröte. PAOLA und ALBERT saßen auf ihrem Zierbaumast und von ferne kündete eine hoch schießende Wassertropfenfontäne an, dass auch SELIMA noch einmal ihre Pirouetten für ihn sprang. Selbst ZEUS war gekommen, um Abschied zu nehmen.

»Nun ist die Stunde gekommen«, ergriff der große weiße Schäferhund mit den selbst in der Nacht hellstrahlenden Augen das Wort, »in der deine Suche nach

Patschuli beginnt. Denke daran, ein Gedanke ist wie ein Samenkorn: Fällt es auf fruchtbaren Boden, kann daraus ein Wille wachsen – zum Guten oder zum Bösen. Wenn aus vielen solchen Samenkörnern der Wille zum Guten wächst, wirst du Patschuli finden. Jeder gute Gedanke bringt dich ihr ein Stückchen näher. Wir, deine Paten, werden an deiner Seite sein, wann immer du uns brauchst. Solltest du einmal in große Not oder Bedrängnis geraten, dann ruf nach ihr, ruf laut ihren Namen – PATSCHULI – und alle Tiere, ob groß oder klein, die gerade in deiner Nähe sind, werden alles daran setzen, dir zu helfen. Und nun viel Glück!«

Perpetello sah alle noch einmal der Reihe nach an. Musa putzte sich leise schniefend die Nase mit einem Jasminblatt, das sie am Boden gefunden hatte, und auch Amalias schwere, ernste Augen waren feucht.

Da war er plötzlich wieder, dieser Dufthauch, dieser unverwechselbare Geruch, dem Perpetello nun bis ans Ende seiner Tage folgen würde: Patschuli! Er sprang mit großen geschmeidigen Sätzen in die Nacht davon und sein siebenzackiger weißer Stern leuchtete im Licht des Vollmondes, der jetzt hoch am Himmel stand.

Wird er sie finden, die schneeweiße Katze mit dem schwarzen Stern auf der Brust oder müssen noch einmal hundert und wieder hundert und noch einmal hundert mal hundert Jahre vergehen, bis die Menschen endlich die Botschaft der Schöpfung verstehen lernen und Perpetello seine Patschuli finden darf?

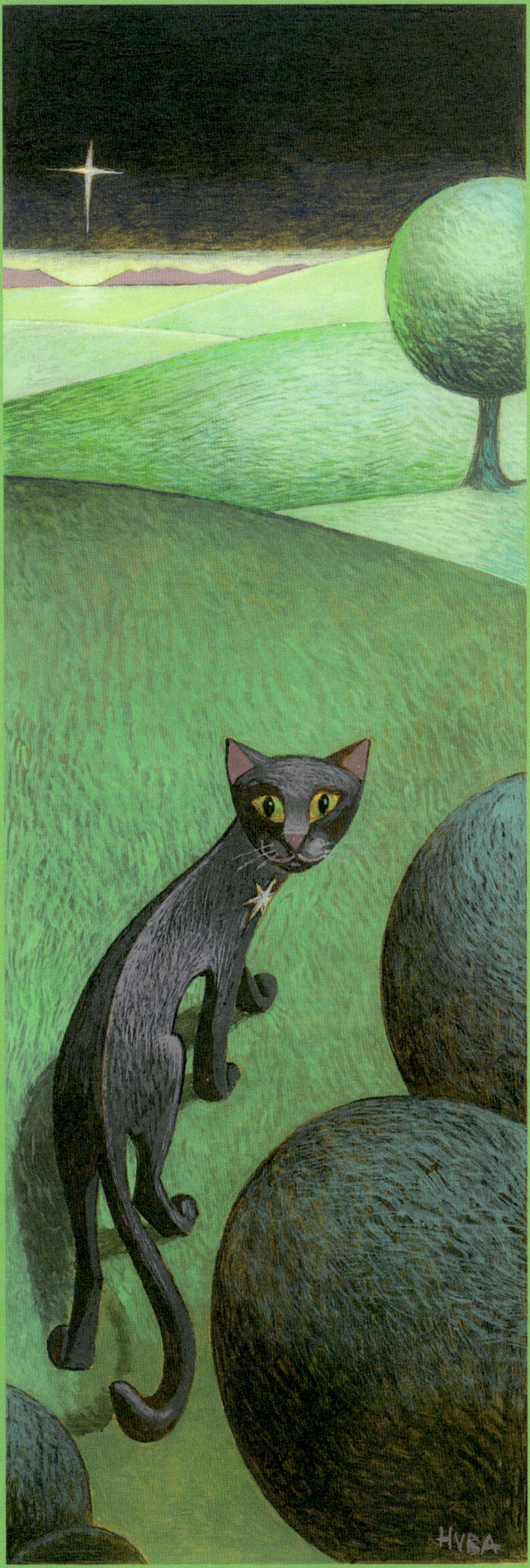
HVBA

Leseempfehlung ...

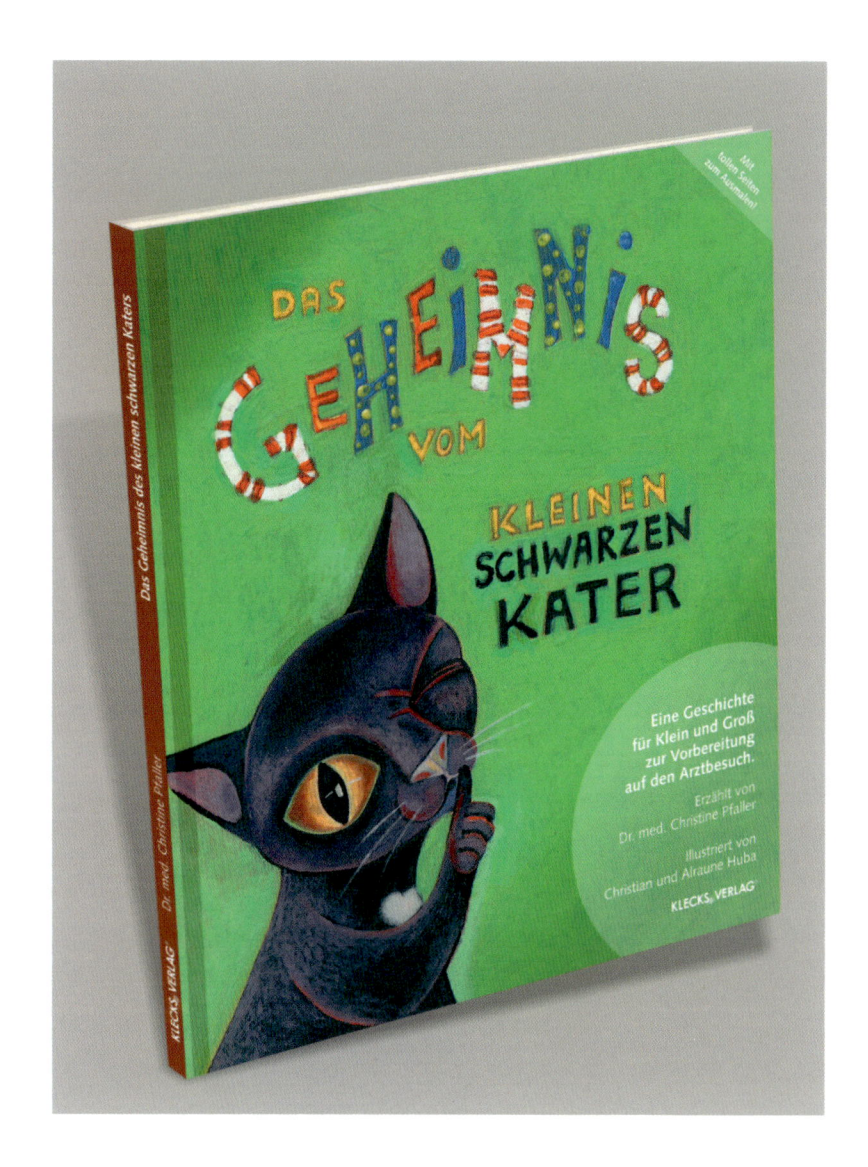

Dr. Christine Pfaller
Das Geheimnis vom kleinen, schwarzen Kater
Eine Geschichte für Klein und Groß
als Vorbereitung für den Arztbesuch
Kinder-, Vorlese-, Malbuch

Hardcover • 21 x 25 cm • 28 Seiten
ISBN Buch 978-3-944050-98-0
ISBN E-Book PDF: 978-3-944050-99-7

Für den 4-jährigen Tim, der seit ein paar Monaten in den Kindergarten geht, ist jeder Arztbesuch ein Albtraum. Er ist häufig krank und hasst es, zum Arzt zu gehen, besonders, wenn ihm Blut abgenommen werden soll. Eines Nachts bekommt er unerwarteten Besuch: Ein kleiner schwarzer Zauberkater verrät ihm ein Geheimnis ...

Leseempfehlung …

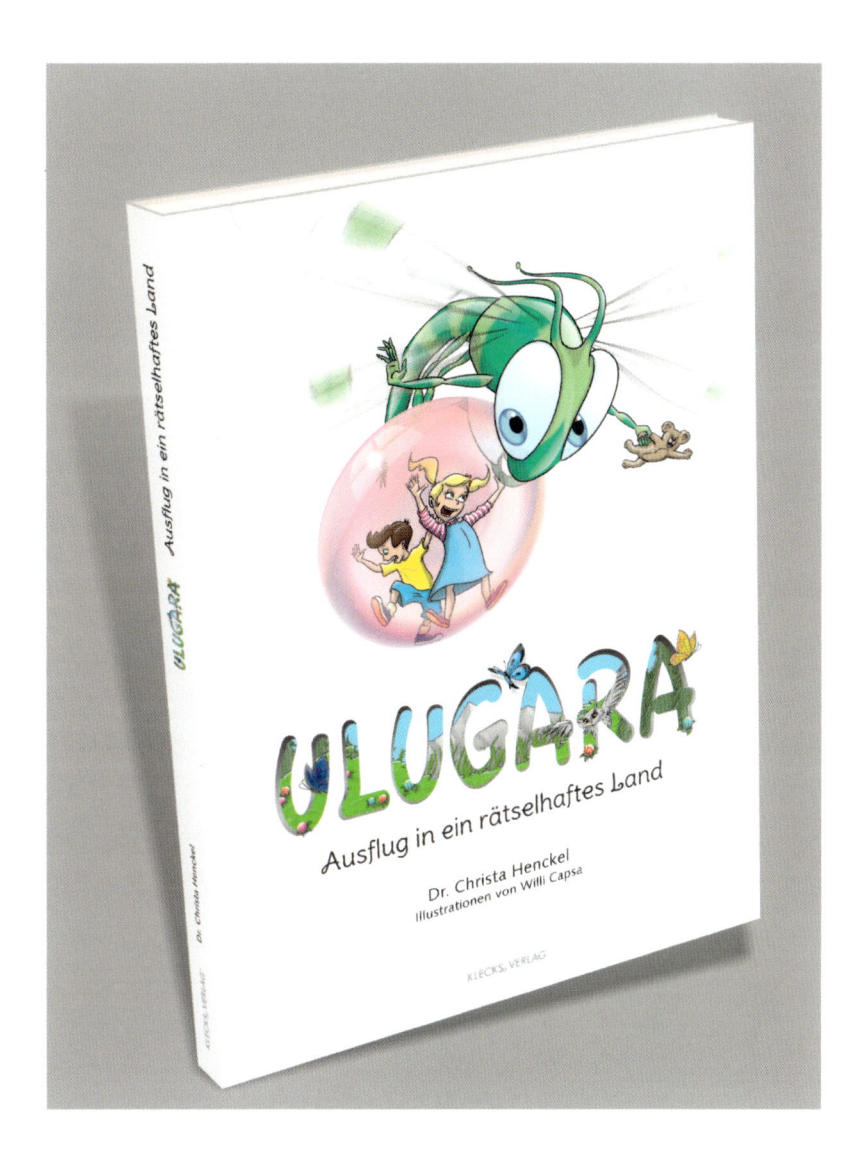

Dr. Christa Henckel
Ulugara
Ausflug in ein rätselhaftes Land
Kinder-, Vorlese-, Malbuch

Hardcover • DIN A 4 • 48 Seiten
ISBN Buch 978-3-95683-074-7
ISBN E-Book PDF: 978-3-95683-075-4

Marie freut sich so auf ihren 6. Geburtstag,
dass sie sogar davon träumt …

… und was für ein Tag! Alle ihre Freunde sind da, und das Tollste: Sie machen Seifenblasen.
Plötzlich wird eine riesengroß und immer größer und umschließt Marie und ihren Bruder Carlos.
Sie werden in die Luft gewirbelt und weit, weit weg getragen …
Auf nach Ulugara! Und rein in ein tolles Abenteuer mit dem kleinen Bären Bernhard
und der riesigen Libelle Lilo.
Was wohl die beiden für ein Problem haben?
Und schaffen es Marie und Carlos, das große Geheimnis zu lüften?
Und wie sollen sie eigentlich wieder nach Hause kommen?

Perpetello und Patschuli
Text von Dr. med. Christine Pfaller
Illustrationen von Christian Huba

1. Auflage
Februar 2020

ISBN Buch: 978-3-95683-034-1
ISBN E-Book: 978-3-95683-035-8

Korrektorat: Ulrike Rücker • ulrike.ruecker@klecks-verlag.de
Layoutumsetzung: Ralf Böhm
www.boehm-design.de • info@boehm-design.de

© 2019 KLECKS-VERLAG • Lützelhäuser Weg 15a • 63571 Gelnhausen

Alle Rechte vorbehalten.
Das Werk ist urheberrechtlich geschützt.
Jede Verwertung und Vervielfältigung – auch auszugsweise – ist nur
mit ausdrücklicher schriftlicher Genehmigung des Verlages gestattet.
Alle Rechte, auch die der Übersetzung des Werkes, liegen beim KLECKS-VERLAG.
Zuwiderhandlung ist strafbar und verpflichtet zu Schadenersatz.

Alle im Buch enthaltenen Angaben wurden vom Autor nach bestem Wissen erstellt
und erfolgen ohne jegliche Verpflichtung oder Garantie des Verlages.
Der Verlag übernimmt deshalb keinerlei Verantwortung und Haftung
für etwa vorhandene Unstimmigkeiten.

Bibliografische Information der Deutschen Nationalbibliothek:
Die Deutsche Nationalbibliothek verzeichnet diese Publikation
in der Deutschen Nationalbibliografie; detaillierte bibliografische Daten
sind im Internet über http://dnb.d-nb.de abrufbar.